HUMANITÉ - VÉRITÉ - JUSTICE

L'AFFAIRE DREYFUS

LETTRE A LA JEUNESSE

PAR

ÉMILE ZOLA

DIX CENTIMES

PARIS
Eugène FASQUELLE, Editeur
11, RUE DE GRENELLE, 11
1897

LETTRE A LA JEUNESSE

LETTRE A LA JEUNESSE

Où allez-vous, jeunes gens, où allez-vous, étudiants, qui courez en bandes par les rues, manifestant au nom de vos colères et de vos enthousiasmes, éprouvant l'impérieux besoin de jeter publiquement le cri de vos consciences indignées?

Allez-vous protester contre quelque abus du pouvoir, a-t-on offensé le besoin de vérité et d'équité, brûlant encore dans vos âmes neuves, ignorantes des accommodements politiques et des lâchetés quotidiennes de la vie?

Allez-vous redresser un tort social, mettre la protestation de votre vibrante jeunesse dans la balance inégale, où sont si faussement pesés le sort des heureux et celui des déshérités de ce monde?

Allez-vous, pour affirmer la tolérance, l'indépendance de la raison humaine, siffler quelque sectaire de l'intelligence, à la cervelle étroite, qui aura voulu ramener vos esprits libérés à l'erreur ancienne, en proclamant la banqueroute de la science?

Allez-vous crier, sous la fenêtre de quelque personnage fuyant et hypocrite, votre foi invincible en l'avenir, en ce siècle prochain que vous apportez et qui doit réaliser la paix du monde, au nom de la justice et de l'amour?

— Non, non! nous allons huer un homme, un vieillard, qui, après une longue vie de travail et de loyauté, s'est imaginé qu'il pouvait impunément soutenir une cause généreuse, vouloir que la lumière se fasse et qu'une erreur soit réparée, pour l'honneur même de la patrie française!

* * *

Ah! quand j'étais jeune moi-même, je l'ai vu, le Quartier Latin, tout frémissant des fières passions de la jeunesse, l'amour de la liberté, la haine de la force brutale, qui écrase les cerveaux et comprime les âmes. Je l'ai vu, sous l'Empire, faisant son œuvre brave d'opposition, injuste même parfois, mais toujours dans un excès de libre émancipation humaine. Il sifflait les auteurs agréables aux Tuileries, il malmenait les professeurs dont l'enseignement lui semblait louche, il se levait contre quiconque se montrait pour les ténèbres et pour la tyrannie. En lui brûlait le foyer sacré de la belle folie des vingt ans, lorsque toutes les espérances sont des réalités, et que demain apparaît comme le sûr triomphe de la Cité parfaite.

Et, si l'on remontait plus haut, dans cette histoire des passions nobles, qui ont soulevé la jeunesse des Écoles, toujours on la verrait s'indigner sous l'injustice, frémir et se lever pour les humbles, les abandonnés, les persécutés, contre les féroces et les puissants. Elle a manifesté en faveur des peuples opprimés, elle a été pour la Pologne, pour la Grèce, elle a pris la défense de tous ceux qui souffraient, qui agonisaient sous la brutalité d'une foule ou d'un despote. Quand on disait que le Quartier Latin s'embrasait, on pouvait être certain qu'il y avait derrière quelque flambée de juvénile justice, insoucieuse des ménagements, faisant d'enthousiasme une œuvre du cœur. Et quelle spontanéité alors, quel fleuve débordé coulant par les rues!

Je sais bien qu'aujourd'hui encore le prétexte est la patrie menacée, la France livrée à l'ennemi vainqueur, par une bande de traîtres. Seulement, je le demande, où trouvera-t-on la claire intuition des choses, la sensation instinctive de ce qui est vrai, de ce qui est juste, si ce n'est dans ces âmes neuves, dans ces jeunes gens qui naissent à la vie publique, dont rien encore ne devrait obscurcir la raison droite et bonne? Que les hommes politiques, gâtés par des années d'intrigues, que les journalistes, déséquilibrés par toutes les compromissions du métier, puissent accepter les plus impudents mensonges, se boucher les yeux à d'aveuglantes clartés, cela s'explique, se comprend. Mais elle, la jeunesse, elle est donc bien gangrenée déjà, pour que sa pureté, sa candeur naturelle, ne se reconnaisse pas d'un coup au milieu des inacceptables erreurs, et n'aille pas tout droit à ce qui est évident, à ce qui est limpide, d'une lumière honnête de plein jour!

Il n'est pas d'histoire plus simple. Un officier a été condamné, et personne ne songe à suspecter la bonne foi des juges. Il l'ont frappé selon leur conscience, sur des preuves qu'ils ont cru certaines. Puis, un jour, il arrive qu'un homme, que plusieurs hommes ont des doutes, finissent par être convaincus qu'une des preuves, la plus importante, la seule du moins sur laquelle les juges se sont publiquement appuyés, a été faussement attribuée au condamné, que cette pièce est à n'en pas douter de la main d'un autre. Et ils le disent, et cet autre est dénoncé par le frère du prisonnier, dont le strict devoir était de le faire ; et voilà, forcément, qu'un nouveau procès commence, devant amener la revision du premier procès, s'il y a condamnation. Est-ce que tout cela n'est pas parfaitement clair, juste et raisonnable? Où y a-t-il, là-dedans, une machination, un noir complot pour sauver un traître? Le traître, on ne le nie pas, on veut seulement que ce soit un coupable et non un innocent qui expie le crime. Vous l'aurez toujours, votre traître, et il ne s'agit que de vous en donner un authentique.

Un peu de bon sens ne devrait-il pas suffire? A quel mobile obéiraient donc les hommes qui poursuivent la revision du procès Dreyfus? Ecartez l'imbécile antisémitisme, dont la monomanie féroce voit là un complot juif, l'or juif s'efforçant de remplacer un juif par un chrétien, dans la geôle infâme. Cela ne tient pas debout, les invraisemblances et les impossibilités croulent les unes sur les autres, tout l'or de la terre n'achèterait pas certaines consciences. Et il faut bien en arriver à la réalité, qui est l'expansion naturelle, lente, invincible de toute erreur judiciaire. L'histoire est là. Une erreur judiciaire est une force en marche : des hommes de conscience sont conquis, sont hantés, se dévouent de plus en plus obstinément, risquent leur fortune et leur vie, jusqu'à ce que justice soit faite. Et il n'y a pas d'autre explication possible à ce qui se passe aujourd'hui, le reste n'est qu'abominables passions politiques et religieuses, que torrent débordé de calomnies et d'injures.

Mais quelle excuse aurait la jeunesse, si les idées d'humanité et de justice se trouvaient obscurcies un instant en elle! Dans la séance du 4 décembre, une Chambre française s'est couverte de honte, en votant un ordre du jour « flétrissant les meneurs de la campagne odieuse qui trouble la conscience publique ». Je le dis hautement, pour l'avenir qui me lira, j'espère, un tel vote est indigne de notre généreux pays, et il restera comme une tache ineffaçable. « Les meneurs », ce sont les hommes de conscience et de bravoure, qui, certains d'une erreur judiciaire, l'ont dénoncée, pour que réparation fût faite, dans la conviction patriotique qu'une grande nation, où un innocent agoniserait parmi les tortures, serait une nation condamnée. « La campagne odieuse », c'est le cri de vérité, le cri de justice que ces hommes poussent, c'est l'obstination qu'ils mettent à vouloir que la France reste, devant les peuples qui la regardent, la France humaine, la France qui a fait la liberté et qui fera la justice. Et, vous le voyez bien, la Chambre a sûrement commis un crime, puisque voilà qu'elle a pourri jusqu'à la jeunesse de nos Écoles, et que voilà celle-ci trompée, égarée, lâchée au travers de nos rues, manifestant, ce qui ne s'était jamais vu encore, contre tout ce qu'il y a de plus fier, de plus brave, de plus divin dans l'âme humaine!

*
* *

Après la séance du Sénat, le 7, on a parlé d'écroulement pour M. Scheurer-Kestner. Ah! oui, quel écroulement, dans son cœur, dans son âme! Je m'imagine son angoisse, son tourment, lorsqu'il voit s'effondre autour de lui tout ce qu'il a aimé de notre République, tout ce qu'il a aidé à conquérir pour elle, dans le bon combat de sa vie, la liberté d'abord, puis les mâles vertus de la loyauté, de la franchise et du courage civique.

Il est un des derniers de sa forte génération. Sous l'Empire, il a su ce que c'était qu'un peuple soumis à l'autorité d'un seul, se dévorant de fièvre et d'impatience, la bouche brutalement bâillonnée, devant les dénis de justice. Il a vu nos défaites, le cœur saignant, il en a su les causes, toutes dues à l'aveuglement, à l'imbécillité despotiques. Plus tard, il a été de ceux qui ont travaillé le plus sagement, le plus ardemment, à relever le pays de ses décombres, à lui rendre son rang en Europe. Il date des temps héroïques de notre France républicaine, et je m'imagine qu'il pouvait croire avoir fait une œuvre bonne et solide, le despotisme chassé à jamais, la liberté conquise, j'entends surtout cette liberté humaine qui permet à chaque conscience d'affirmer son devoir, au milieu de la tolérance des autres opinions.

Ah bien, oui ! Tout a pu être conquis, mais tout est par terre une fois encore. Il n'a autour de lui, en lui, que des ruines. Avoir été en proie au besoin de vérité, est un crime. Avoir voulu la justice, est un crime. L'affreux despotisme est revenu, le plus dur des bâillons est de nouveau sur les bouches. Ce n'est pas la botte d'un César qui écrase la conscience publique, c'est toute une Chambre qui flétrit ceux que la passion du juste embrase. Défense de parler ! les poings écrasent les lèvres de ceux qui ont la vérité à défendre, on ameute les foules pour qu'elles réduisent les isolés au silence. Jamais une si monstrueuse oppression n'a été organisée, utilisée contre la discussion libre. Et la honteuse terreur règne, les plus braves deviennent lâches, personne n'ose plus dire ce qu'il pense, dans la peur d'être dénoncé comme vendu et traître. Les quelques journaux restés honnêtes sont à plat ventre devant leurs lecteurs, qu'on a fini par affoler avec de sottes histoires. Et aucun peuple, je crois, n'a traversé une heure plus trouble, plus boueuse, plus angoissante pour sa raison et pour sa dignité.

Alors, c'est vrai, tout le loyal et grand passé a dû s'écrouler chez M. Scheurer-Kestner. S'il croit encore à la bonté et à l'équité des hommes, c'est qu'il est d'un solide optimisme. On l'a traîné quotidiennement dans la boue, depuis trois semaines, pour avoir compromis l'honneur et la joie de sa vieillesse, à vouloir être juste. Il n'est point de plus douloureuse détresse, chez l'honnête homme, que de souffrir le martyre de son honnêteté. On assassine chez cet homme la foi en demain, on empoisonne son espoir ; et, s'il meurt, il dit : « C'est fini, il n'y a plus rien, tout ce que j'ai fait de bon s'en va avec moi, la vertu n'est qu'un mot, le monde est noir et vide ! »

Et, pour souffleter le patriotisme, on est allé choisir cet homme, qui est, dans nos Assemblées, le dernier représentant de l'Alsace-Lorraine ! Lui, un vendu, un traître, un insulteur de l'armée, lorsque son nom aurait dû suffire pour rassurer les inquiétudes les plus ombrageuses ! Sans doute, il avait eu la naïveté de croire que sa qualité d'Alsacien, son renom de patriote ardent seraient la garantie même de sa bonne foi, dans son rôle délicat de justicier. S'il s'occupait de cette affaire, n'était-ce pas dire que la conclusion prompte lui en semblait nécessaire à l'honneur de l'armée, à l'honneur de la patrie? Laissez-la traîner des semaines encore, tâchez d'étouffer la vérité, de vous refuser à la justice, et vous verrez bien si vous ne nous avez pas donnés en risée à toute l'Europe, si vous n'avez pas mis la France au dernier rang des nations !

Non, non ! les stupides passions politiques et religieuses ne veulent rien entendre, et la jeunesse de nos

Ecoles donne au monde ce spectacle d'aller huer M. Scheurer-Kestner, le traître, le vendu, qui insulte l'armée et qui compromet la patrie!

*
* *

Je sais bien que les quelques jeunes gens qui manifestent ne sont pas toute la jeunesse, et qu'une centaine de tapageurs, dans la rue, font plus de bruit que dix mille travailleurs, studieusement enfermés chez eux. Mais les cent tapageurs ne sont-ils pas déjà de trop, et quel symptôme affligeant qu'un pareil mouvement, si restreint qu'il soit, puisse à cette heure se produire au Quartier Latin!

Des jeunes gens antisémistes, ça existe donc, cela? Il y a donc des cerveaux neufs, des âmes neuves, que cet imbécile poison a déjà déséquilibrés? Quelle tristesse, quelle inquiétude, pour le vingtième siècle qui va s'ouvrir! Cent ans après la déclaration des Droits de l'homme, cent ans après l'acte suprême de tolérance et d'émancipation, on en revient aux guerres de religion, au plus odieux et au plus sot des fanatismes! Et encore cela se comprend chez certains hommes qui jouent leur rôle, qui ont une attitude à garder et une ambition vorace à satisfaire. Mais, chez des jeunes gens, chez ceux qui naissent et qui poussent pour cet épanouissement de tous les droits et de toutes les libertés, dont nous avons rêvé que resplendirait le prochain siècle! Ils sont les ouvriers attendus, et voilà déjà qu'ils se déclarent antisémistes, c'est-à-dire qu'ils commenceront le siècle en massacrant tous les juifs, parce que ce sont des concitoyens d'une autre race et d'une autre foi! Une belle entrée en jouissance, pour la Cité de nos rêves, la Cité d'égalité et de fraternité! Si la jeunese en était vraiment là, ce serait à sangloter, à nier tout espoir et tout bonheur humain.

O jeunesse, jeunesse! je t'en supplie, songe à la grande besogne qui t'attend. Tu es l'ouvrière future, tu vas jeter les assises de ce siècle prochain, qui, nous en avons la foi profonde, résoudra les problèmes de vérité et d'équité, posés par le siècle finissant. Nous, les vieux, les aînés, nous te laissons le formidable amas de notre enquête, beaucoup de contradictions et d'obscurités peut-être, mais à coup sûr l'effort le plus passionné que jamais siècle ait fait vers la lumière, les documents les plus honnêtes et les plus solides, les fondements mêmes de ce vaste édifice de la science que tu dois continuer à bâtir pour ton honneur et pour ton bonheur. Et nous ne te demandons que d'être encore plus généreuse, plus libre d'esprit, de nous dépasser par ton amour de la vie normalement vécue, par ton effort mis entier dans le travail, cette fécondité des hommes et de la terre qui saura bien faire enfin pousser la débordante moisson de joie, sous l'éclatant soleil. Et nous te céderons fraternellement la place, heureux de disparaître et de nous reposer de notre part de tâche accomplie, dans le bon sommeil de la mort, si nous savons que tu nous continues et que tu réalises nos rêves.

Jeunesse, jeunesse! souviens-toi des souffrances que tes pères ont endurées, des terribles batailles où ils ont dû vaincre, pour conquérir la liberté dont tu jouis à cette heure. Si tu te sens indépendante, si tu peux aller et venir à ton gré, dire dans la presse ce que tu penses, avoir une opinion et l'exprimer publiquement, c'est que tes pères ont donné de leur intelligence et de leur sang. Tu n'es pas née sous la tyrannie, tu ignores ce que c'est que de se réveiller chaque matin avec la botte d'un maître sur la poitrine, tu ne t'es pas battue pour échapper au sabre du dictateur, aux poids faux du mauvais juge. Remercie tes pères, et ne commets pas le crime d'acclamer le mensonge, de faire campagne avec la force brutale, l'intolérance des fanatiques et la voracité des ambitieux. La dictature est au bout.

Jeunesse, jeunesse! sois toujours avec la justice. Si l'idée de justice s'obscurcissait en toi, tu irais à tous les périls. Et je ne te parle pas de la justice de nos codes, qui n'est que la garantie des liens sociaux. Certes, il faut la respecter, mais il est une notion plus haute, la justice, celle qui pose en principe que tout jugement des hommes est faillible et qui admet l'innocence possible d'un condamné, sans croire insulter les juges. N'est-ce donc pas là une aventure qui doive soulever ton enflammée passion du droit? Qui se lèvera pour exiger que justice soit faite, si ce n'est toi qui n'es pas dans nos luttes d'intérêts et de personnes, qui n'es encore engagée ni compromise dans aucune affaire louche, qui peux parler haut, en toute pureté et en toute bonne foi?

Jeunesse, jeunesse! sois humaine, sois généreuse. Si même nous nous trompons, sois avec nous, lorsque nous disons qu'un innocent subit une peine effroyable, et que notre cœur révolté s'en brise d'angoisse. Que l'on admette un seul instant l'erreur possible, en face d'un châtiment à ce point démesuré, et la poitrine se serre, les larmes coulent des yeux. Certes, les gardes-chiourme restent insensibles, mais toi, toi, qui pleures encore, qui dois être acquise à toutes les misères, à toutes les pitiés ! Comment ne fais-tu pas ce rêve chevaleresque, s'il est quelque part un martyr succombant sous la haine, de défendre sa cause et de le délivrer? Qui donc, si ce n'est toi, tentera la sublime aventure, se lancera dans une cause dangereuse et superbe, tiendra tête à un peuple, au nom de l'idéale justice? Et n'es-tu pas honteuse, enfin, que ce soient des aînés, des vieux, qui se passionnent, qui fassent aujourd'hui ta besogne de généreuse folie?

*
* *

— Où allez-vous, jeunes gens, où allez-vous, étudiants, qui battez les rues, manifestant, jetant au milieu de nos discordes la bravoure et l'espoir de vos vingt ans?

— Nous allons à l'humanité, à la vérité, à la justice!

EMILE ZOLA.

Paris. — Imprimerie de la Cour d'appel, L. Maretheux, directeur, 1, rue Cassette.

184

www.ingramcontent.com/pod-product-compliance
Ingram Content Group UK Ltd.
Pitfield, Milton Keynes, MK11 3LW, UK
UKHW012117240726
13965UKWH00005B/1802

9 782012 944305